HSK TEST
LEVEL 5
CHINESE CHARACTERS,
EXAMPLE SENTENCES,
ESSAYS & STORIES

PART 8

汉语水平考试

HSK (四级)

RUOQI YING

应若琪

www.TestHSK.com

©2024 RUOQI YING. All rights reserved.

ACKNOWLEDGEMENT

I would like to express my deepest gratitude to all those who have inspired and helped me in the completion of this book. First and foremost, I would like to thank my family for their unwavering support and encouragement throughout this journey. Your love and patience have been invaluable.

I am also grateful to my colleagues and mentors who have shared their knowledge and expertise with me, inspiring me to delve deeper into the subject matter and refine my understanding. Your guidance and feedback have been instrumental in shaping this book.

I would also like to acknowledge my teachers, researchers, authors, and scholars whose work I have read to improve my knowledge of Chinese language and culture. Your support has been invaluable, and I am grateful for the opportunity to build upon your insights and discoveries.

Finally, I would like to thank my publisher for their hard work and dedication in bringing this book to fruition. Your expertise and professionalism have been invaluable, and I am grateful for the opportunity to work with you. Thank you all for your support and contributions.

RUOQI YING

INTRODUCTION

Hanyu Shuiping Kaoshi (汉语水平考试) Level 5 test (五级), also known as **HSK 5**, requires mastering a mix of about 2,500 **Chinese characters and words** (字词), including **1,300** new characters/words (1,200 are covered in the HSK 1 to 4 levels). These include some of most basic, yet the most frequently used Chinese characters. The challenges for the HSK 5 aspirants would be to **recognize** these pictographs in the given contexts. In the **HSK Level 5** book series, you will be exposed to all these 1,300 Chinese characters and words. Each HSK 5 **book** contains about **30** new Chinese characters from the HSK Level 5 test syllabus. There are about 10-20 **examples sentences** provided for each of the HSK 5 characters and words. The sentences are explained with simplified Chinese characters, **pinyin**, and **English**. Each of the books comes with five short **essays** (短文) and **stories** (故事) based on the characters and words introduced in the book.

www.TestHSK.com

CONTENTS

- ACKNOWLEDGEMENT 2
- INTRODUCTION 3
- CONTENTS 4
  - Chapter 1：趁, 情景 5
  - Chapter 2：称, 情绪 8
  - Chapter 3：称呼, 请求 11
  - Chapter 4：称赞, 庆祝 13
  - Chapter 5：承担, 球迷 16
  - Chapter 6：程度, 趋势 19
  - Chapter 7：成分, 娶 22
  - Chapter 8：成果, 取消 25
  - Chapter 9：成就, 去世 28
  - Chapter 10：诚恳, 圈 31
  - Chapter 11：成立, 权力 34
  - Chapter 12：成人, 权利 37
  - Chapter 13：承认, 全面 40
  - Chapter 14：承受, 劝 43
  - Chapter 15：成熟, 缺乏 46
  - Chapter 16：短文（一） 49
  - Chapter 17：短文（二） 51
  - Chapter 18：短文（三） 53
  - Chapter 19：短文（四） 55
  - Chapter 20：短文（五） 57

www.TestHSK.com

Chapter 1：趁, 情景

趁 —— chèn —— To take advantage of; avail oneself of
情景 —— qíng jǐng —— Scene; sight; circumstances

中文：趁现在阳光明媚，我们一起去公园散步吧。
拼音：chèn xiàn zài yáng guāng míng mèi, wǒ men yì qǐ qù gōng yuán sàn bù ba。
英文：Let's take a walk in the park while the sun is shining brightly.

2.
中文：这个情景让我想起了童年的快乐时光。
拼音：zhè gè qíng jǐng ràng wǒ xiǎng qǐ le tóng nián de kuài lè shí guāng。
英文：This scenario reminds me of the happy times in my childhood.

3.
中文：趁年轻，要多尝试不同的工作情景。
拼音：chèn nián qīng, yào duō cháng shì bù tóng de gōng zuò qíng jǐng。
英文：While we are young, we should try out different work scenarios.

4.
中文：在那种紧急情景下，他表现得非常冷静。
拼音：zài nà zhǒng jǐn jí qíng jǐng xià, tā biǎo xiàn de fēi cháng lěng jìng。
英文：In that emergency situation, he behaved very calmly.

5.
中文：趁机会，我们要好好规划一下未来的情景。
拼音：chèn jī huì, wǒ men yào hǎo hǎo guī huà yī xià wèi lái de qíng jǐng。
英文：We should seize the opportunity to plan for future scenarios.

6.
中文：看到那个温馨的情景，我心中充满了暖意。
拼音：kàn dào nà gè wēn xīn de qíng jǐng, wǒ xīn zhōng chōng mǎn le nuǎn yì。
英文：Seeing that warm scenario, my heart filled with warmth.

7.
中文：趁天还没黑，我们赶紧回家。
拼音：chèn tiān hái méi hēi, wǒ men gǎn jǐn huí jiā。
英文：Let's hurry home before it gets dark.

8.

www.TestHSK.com

中文：那个电影中的离别情景让我感动得哭了。
拼音：nà gè diàn yǐng zhōng de lí bié qíng jǐng ràng wǒ gǎn dòng dé kū le。
英文：The farewell scene in that movie made me cry with emotion.

9.
中文：趁现在有空，我们去拜访一下老朋友吧。
拼音：chèn xiàn zài yǒu kòng， wǒ men qù bài fǎng yī xià lǎo péng yǒu ba。
英文：Let's visit an old friend while we have the time.

10.
中文：这个情景剧的表演非常精彩。
拼音：zhè gè qíng jǐng jù de biǎo yǎn fēi cháng jīng cǎi。
英文：The performance of this scenario play was very impressive.

11.
中文：趁年轻，我们要多经历一些不同的生活情景。
拼音：chèn nián qīng， wǒ men yào duō jīng lì yī xiē bù tóng de shēng huó qíng jǐng。
英文：While we are young, we should experience different life scenarios.

12.
中文：在那个浪漫的情景下，他向她求婚了。
拼音：zài nà gè làng màn de qíng jǐng xià， tā xiàng tā qiú hūn le。
英文：In that romantic scenario, he proposed to her.

13.
中文：趁现在市场行情好，我们要多卖点产品。
拼音：chèn xiàn zài shì chǎng háng qíng hǎo， wǒ men yào duō mài diǎn chǎn pǐn。
英文：Let's sell more products while the market conditions are favorable.

14.
中文：这个舞台情景布置得非常漂亮。
拼音：zhè gè wǔ tái qíng jǐng bù zhì de fēi cháng piào liàng。
英文：The stage scenario setup is very beautiful.

15.
中文：趁天气好，我们一起去爬山吧。
拼音：chèn tiān qì hǎo， wǒ men yì qǐ qù pá shān ba。
英文：Let's go hiking together while the weather is nice.

16.

中文：在那个感人的情景下，全场观众都流泪了。
拼音：zài nà gè gǎn rén de qíng jǐng xià， quán chǎng guān zhòng dōu liú lèi le。
英文：In that moving scenario, all the audience shed tears.

17.
中文：趁这个机会，我们要向领导汇报一下工作进展。
拼音：chèn zhè gè jī huì， wǒ men yào xiàng lǐng dǎo huì bào yī xià gōng zuò jìn zhǎn。
英文：We should seize this opportunity to report on our work progress to the leader.

18.
中文：这个喜剧情景让人捧腹大笑。
拼音：zhè gè xǐ jù qíng jǐng ràng rén pěng fù dà xiào。
英文：This comedic scenario made people laugh out loud.

19.
中文：趁孩子还小，我们要多陪伴他们。
拼音：chèn hái zi hái xiǎo， wǒ men yào duō péi bàn tā men。
英文：While the children are still young, we should spend more time with them.

20.
中文：在那个紧张的情景下，他成功地完成了任务。
拼音：zài nà gè jǐn zhāng de qíng jǐng xià， tā chéng gōng dì wán chéng le rèn wù。
英文：In that tense scenario, he successfully completed the task.

Chapter 2：称, 情绪

称 —— chēng —— Fit; match; to name

情绪 —— qíng xù —— Mood; sentiments; feeling

中文：他被称为情绪管理的大师。
拼音：tā bèi chēng wéi qíng xù guǎn lǐ de dà shī。
英文：He is known as a master of emotion management.

2.
中文：我的情绪很不稳定，需要找个地方称心如意地放松一下。
拼音：wǒ de qíng xù hěn bù wěn dìng，xū yào zhǎo gè dì fāng chèn xīn rú yì dì fàng sōng yī xià。
英文：My emotions are very unstable, and I need to find a place to relax to my heart's content.

3.
中文：她总是能很好地控制自己的情绪，让人称赞不已。
拼音：tā zǒng shì néng hěn hǎo dì kòng zhì zì jǐ de qíng xù，ràng rén chēng zàn bù yǐ。
英文：She always controls her emotions well, earning constant praise from others.

4.
中文：他对自己的成绩很满意，情绪高涨。
拼音：tā duì zì jǐ de chéng jì hěn mǎn yì，qíng xù gāo zhǎng。
英文：He is very satisfied with his achievements, and his emotions are high.

5.
中文：他因为工作不顺心，情绪很低落。
拼音：tā yīn wèi gōng zuò bù shùn xīn，qíng xù hěn dī luò。
英文：Due to workplace dissatisfaction, his emotions are very low.

6.
中文：她被称为是团队中的情绪稳定器。
拼音：tā bèi chēng wéi shì tuán duì zhōng de qíng xù wěn dìng qì。
英文：She is known as the emotion stabilizer in the team.

7.

中文：她的情绪管理能力让人称赞。
拼音：tā de qíng xù guǎn lǐ néng lì ràng rén chēng zàn。
英文：Her emotion management skills are commendable.

8.
中文：他情绪一激动，就称不上是理智的人了。
拼音：tā qíng xù yī jī dòng, jiù chēng bù shàng shì lǐ zhì de rén le。
英文：When he gets emotional, he can no longer be called a rational person.

9.
中文：她的情绪像天气一样多变，让人难以捉摸。
拼音：tā de qíng xù xiàng tiān qì yí yàng duō biàn, ràng rén nán yǐ zhuō mō。
英文：Her emotions are as unpredictable as the weather.

10.
中文：他努力控制自己的情绪，不让自己被称为易怒的人。
拼音：tā nǔ lì kòng zhì zì jǐ de qíng xù, bù ràng zì jǐ bèi chēng wéi yì nù de rén。
英文：He strives to control his emotions, so as not to be labeled as an irritable person.

11.
中文：她是个情绪丰富的人，很容易被称为感性的人。
拼音：tā shì gè qíng xù fēng fù de rén, hěn róng yì bèi chēng wéi gǎn xìng de rén。
英文：She is an emotionally rich person, and is easily labeled as sensible.

12.
中文：他因为成功而情绪高涨，自称为"幸运儿"。
拼音：tā yīn wèi chéng gōng ér qíng xù gāo zhǎng, zì chēng wéi "xìng yùn ér"。
英文：Due to his success, his emotions are high, and he calls himself a "lucky guy".

13.
中文：她的情绪总是那么稳定，让人称赞其冷静。
拼音：tā de qíng xù zǒng shì nà me wěn dìng, ràng rén chēng zàn qí lěng jìng。
英文：Her emotions are always so stable, earning praise for her calmness.

14.
中文：他情绪一激动，就称不上是个有耐心的人。
拼音：tā qíng xù yī jī dòng, jiù chēng bù shàng shì gè yǒu nài xīn de rén。
英文：When he gets emotional, he can no longer be considered a patient person.

15.
中文：她善于隐藏自己的情绪，让人难以捉摸其真实想法。
拼音：tā shàn yú yǐn cáng zì jǐ de qíng xù, ràng rén nán yǐ zhuō mō qí zhēn shí

xiǎng fǎ。
英文：She is good at hiding her emotions, making it difficult for others to guess her true thoughts.

16.
中文：他因为情绪失控，被称为"火药桶"。
拼音：tā yīn wèi qíng xù shī kòng，bèi chēng wéi "huǒ yào tǒng"。
英文：Due to his loss of emotional control, he is labeled as a "powder keg".

17.
中文：她是个情绪化的人，很容易因为小事而情绪高涨。
拼音：tā shì gè qíng xù huà de rén，hěn róng yì yīn wèi xiǎo shì ér qíng xù gāo zhǎng。
英文：She is an emotional person, and her emotions easily rise due to small matters.

18.
中文：他努力保持情绪稳定，以维持自己的良好形象。
拼音：tā nǔ lì bǎo chí qíng xù wěn dìng，yǐ wéi chí zì jǐ de liáng hǎo xíng xiàng。
英文：He strives to keep his emotions stable in order to maintain his good image.

19.
中文：她是个情绪敏感的人，很容易因为别人的话而情绪低落。
拼音：tā shì gè qíng xù mǐn gǎn de rén，hěn róng yì yīn wèi bié rén de huà ér qíng xù dī luò。
英文：She is an emotionally sensitive person, and her emotions easily drop due to others' words.

20.
中文：他因为情绪稳定，被称为团队中的"定海神针"。
拼音：tā yīn wèi qíng xù wěn dìng，bèi chēng wéi tuán duì zhōng de "dìng hǎi shén zhēn"。
英文：Due to his emotional stability, he is labeled as the "pillar of stability" in the team.

Chapter 3：称呼, 请求

称呼 —— chēng hu —— Call; address
请求 —— qǐng qiú —— Request; demand; beg

1. 中文：妈妈，请你帮我拿一下书。
   拼音：mā mā, qǐng nǐ bāng wǒ ná yī xià shū.
   英文：Mom, please help me get the book.
2. 中文：老师，我有个问题想请教您。
   拼音：lǎo shī, wǒ yǒu gè wèn tí xiǎng qiǎng jiào nín.
   英文：Teacher, I have a question to ask you.
3. 中文：小明，能否请你帮我打扫一下房间？
   拼音：xiǎo míng, néng fǒu qǐng nǐ bāng wǒ dǎ sǎo yī xià fáng jiān?
   英文：Xiaoming, can you please help me clean the room?
4. 中文：爸爸，我请求您给我买一辆自行车。
   拼音：bà ba, wǒ qǐng qiú nín gěi wǒ mǎi yī liàng zì xíng chē.
   英文：Dad, I request you to buy me a bicycle.
5. 中文：亲爱的，你能称呼我为宝贝吗？
   拼音：qīn ài de, nǐ néng chēng hu nǐ wèi bǎo bèi ma?
   英文：Honey, can you call me baby?
6. 中文：王先生，请问您有时间吗？
   拼音：wáng xiān shēng, qǐng wèn nín yǒu shí jiān ma?
   英文：Mr. Wang, do you have time?
7. 中文：张女士，我请求您分享一下您的经验。
   拼音：zhāng nǚ shì, wǒ qǐng qiú nín fēn xiǎng yī xià nín de jīng yàn.
   英文：Ms. Zhang, I request you to share your experience.
8. 中文：哥哥，请你帮我修一下电脑。
   拼音：gē gē, qǐng nǐ bāng wǒ xiū yī xià diàn nǎo.
   英文：Brother, please help me fix the computer.
9. 中文：李小姐，能否称呼您为莉莉？
   拼音：lǐ xiǎo jiě, néng fǒu chēng hu nín wèi lì lì?
   英文：Miss Li, can I call you Lily?
10. 中文：奶奶，我请求您给我讲个故事。
    拼音：nǎi nai, wǒ qǐng qiú nín gěi wǒ jiǎng gè gù shi.
    英文：Grandma, I request you to tell me a story.

11. 中文：朋友，请你帮我搬一下这个箱子。
    拼音：péng yǒu, qǐng nǐ bāng wǒ bān yī xià zhè gè xiāng zi.
    英文：Friend, please help me move this box.
12. 中文：教练，我有个技巧想向您请教。
    拼音：jiào liàn, wǒ yǒu gè jì qiǎo xiǎng xiàng nín qǐng jiào.
    英文：Coach, I have a technique I'd like to ask you about.
13. 中文：同事，能否请你帮我整理一下文件？
    拼音：tóng shì, néng fǒu qǐng nǐ bāng wǒ zhěng lǐ yī xià wén jiàn?
    英文：Coworker, can you please help me organize the files?
14. 中文：阿姨，我请求您帮我照看一下孩子。
    拼音：ā yí, wǒ qǐng qiú nín bāng wǒ zhào kàn yī xià hái zi.
    英文：Auntie, I request you to watch the child for me.
15. 中文：叔叔，请你帮我修一下车。
    拼音：shū shu, qǐng nǐ bāng wǒ xiū yī xià chē.
    英文：Uncle, please help me fix the car.
16. 中文：医生，我请求您给我开点药。
    拼音：yī shēng, wǒ qǐng qiú nín gěi wǒ kāi diǎn yào.
    英文：Doctor, I request you to prescribe some medicine for me.
17. 中文：同学，能否请你帮我解释一下这个问题？
    拼音：tóng xué, néng fǒu qǐng nǐ bāng wǒ jiě shì yī xià zhè gè wèn tí?
    英文：Classmate, can you please explain this question to me?
18. 中文：警察叔叔，我请求您帮我找一下失物。
    拼音：jǐng chá shū shu, wǒ qǐng qiú nín bāng wǒ zhǎo yī xià shī wù.
    英文：Police uncle, I request you to help me find my lost item.
19. 中文：妈妈，我请求您不要称呼我为"小胖"。
    拼音：mā mā, wǒ qǐng qiú nín bú yào chēng hu wǒ wèi "xiǎo pàng".
    英文：Mom, I request you not to call me "little fatty."
20. 中文：老师，我有个请求，请您帮我检查一下作业。
    拼音：lǎo shī, wǒ yǒu gè qǐng qiú, qǐng nǐ bāng wǒ jiǎn chá yī xià zuò yè.
    英文：Teacher, I have a request, please help me check my homework.

Chapter 4：称赞, 庆祝

称赞 —— chēng zàn —— To praise; to acclaim; to commend
庆祝 —— qìng zhù —— Celebration(s); to celebrate

1. 中文：他今天的演讲非常出色，值得我们大家称赞。
   拼音：tā jīn tiān de yǎn jiǎng fēi cháng chū sè, zhí dé wǒ men dà jiā chēng zàn.
   英文：His speech today was excellent and deserves our praise.
2. 中文：我们庆祝公司成立十周年，大家都很高兴。
   拼音：wǒ men qìng zhù gōng sī chéng lì shí zhōu nián, dà jiā dōu hěn gāo xìng.
   英文：We celebrate the company's 10th anniversary, and everyone is very happy.
3. 中文：他的画作得到了老师的称赞，他非常开心。
   拼音：tā de huà zuò dé dào le lǎo shī de chēng zàn, tā fēi cháng kāi xīn.
   英文：His painting received praise from the teacher, and he was very happy.
4. 中文：我们为他的成功而庆祝，他是我们的骄傲。
   拼音：wǒ men wèi tā de chéng gōng ér qìng zhù, tā shì wǒ men de jiāo ào.
   英文：We celebrate his success; he is our pride.
5. 中文：她的歌声赢得了观众的称赞，舞台上下一片掌声。
   拼音：tā de gē shēng yíng dé le guān zhòng de chēng zàn, wǔ tái shàng xià yī piàn zhǎng shēng.
   英文：Her singing earned praise from the audience, and the stage was filled with applause.
6. 中文：我们庆祝新年的到来，希望新的一年更加美好。
   拼音：wǒ men qìng zhù xīn nián de dào lái, xī wàng xīn de yī nián gèng jiā měi hǎo.
   英文：We celebrate the arrival of the new year, hoping for a better one.
7. 中文：他的努力得到了同事的称赞，他感到非常自豪。
   拼音：tā de nǔ lì dé dào le tóng shì de chēng zàn, tā gǎn dào fēi cháng zì háo.
   英文：His hard work received praise from his colleagues, and he felt very proud.

8. 中文：我们庆祝团队的胜利，这是大家共同努力的结果。
   拼音：wǒ men qìng zhù tuán duì de shèng lì, zhè shì dà jiā gòng tóng nǔ lì de jié guǒ.
   英文：We celebrate the team's victory, which is the result of everyone's hard work.

9. 中文：她的舞蹈表演赢得了观众的热烈称赞。
   拼音：tā de wǔ dǎo biǎo yǎn yíng dé le guān zhòng de rè liè chēng zàn.
   英文：Her dance performance earned enthusiastic praise from the audience.

10. 中文：我们庆祝孩子的生日，希望他健康快乐成长。
    拼音：wǒ men qìng zhù hái zi de shēng rì, xī wàng tā kuài lè jiàn kāng chéng zhǎng.
    英文：We celebrate the child's birthday, wishing him happiness and healthy growth.

11. 中文：他的创新项目得到了领导的称赞，他感到很有成就感。
    拼音：tā de chuàng xīn xiàng mù dé dào le lǐng dǎo de chēng zàn, tā gǎn dào hěn yǒu chéng jiù gǎn.
    英文：His innovative project received praise from his superiors, and he felt a great sense of achievement.

12. 中文：我们庆祝国家的独立日，这是我们的历史时刻。
    拼音：wǒ men qìng zhù guó jiā de dú lì rì, zhè shì wǒ men de lì shǐ shí kè.
    英文：We celebrate the country's independence day, which is our historic moment.

13. 中文：她的勇敢行为得到了大家的称赞，她是我们的榜样。
    拼音：tā de yǒng gǎn xíng wéi dé dào le dà jiā de chēng zàn, tā shì wǒ men de bǎng yàng.
    英文：Her brave actions received praise from everyone, and she is our role model.

14. 中文：我们庆祝公司的成功上市，这是我们的重要里程碑。
    拼音：wǒ men qìng zhù gōng sī de chéng gōng shàng shì, zhè shì wǒ men de zhòng yào lǐ chéng bēi.
    英文：We celebrate the company's successful listing, which is an important milestone for us.

15. 中文：他的善良行为得到了社区的称赞，他是我们的骄傲。
    拼音：tā de shàn liáng xíng wéi dé dào le shè qū de chēng zàn, tā shì wǒ men de jiāo ào.

英文：His kind actions received praise from the community, and he is our pride.

16. 中文：我们庆祝新年的第一缕阳光，希望新的一年充满希望和机遇。
拼音：wǒ men qìng zhù xīn nián de dì yī lǚ yáng guāng, xī wàng xīn de yī nián chōng mǎn xī wàng hé jī yù.
英文：We celebrate the first ray of sunshine of the new year, hoping for a year full of hope and opportunities.

17. 中文：她的勤奋工作得到了老板的称赞，她得到了晋升的机会。
拼音：tā de qín fèn gōng zuò dé dào le lǎo bǎn de chēng zàn, tā dé dào le jìn shēng de jī huì.
英文：Her diligent work received praise from her boss, and she received a promotion opportunity.

18. 中文：我们庆祝团队的成就，这是大家共同努力的结晶。
拼音：wǒ men qìng zhù tuán duì de chéng jiù, zhè shì dà jiā gòng tóng nǔ lì de jié jīng.
英文：We celebrate the team's achievements, which are the result of everyone's hard work.

19. 中文：他的创意作品得到了同行的称赞，他在行业内声名鹊起。
拼音：tā de chuàng yì zuò pǐn dé dào le tóng háng de chēng zàn, tā zài háng yè nèi shēng míng què qǐ.
英文：His creative work received praise from peers, and he became well-known in the industry.

20. 中文：我们庆祝友谊的长久，希望我们的友情永远不变。
拼音：wǒ men qìng zhù yǒu yì de cháng jiǔ, xī wàng wǒ men de yǒu qíng yǒng yuǎn bù biàn.
英文：We celebrate the longevity of our friendship, hoping that our bond remains unchanged forever.

Chapter 5：承担, 球迷

承担 —— chéng dān —— Bear; to undertake; assume
球迷 —— qiú mí —— Fan (of a ball sport)

中文：作为队长，他需要承担更多的责任。
拼音：zuò wéi duì zhǎng，tā xū yào chéng dān gèng duō de zé rèn。
英文：As the captain, he needs to bear more responsibility.

2.
中文：球迷们对他的表现非常失望。
拼音：qiú mí men duì tā de biǎo xiàn fēi cháng shī wàng。
英文：The fans are very disappointed with his performance.

3.
中文：俱乐部应该承担起培养年轻球员的责任。
拼音：jù lè bù yīng gāi chéng dān qǐ péi yǎng nián qīng qiú yuán de zé rèn。
英文：The club should take on the responsibility of nurturing young players.

4.
中文：他勇于承担错误，赢得了球迷的尊重。
拼音：tā yǒng yú chéng dān cuò wù，yíng de le qiú mí de zūn zhòng。
英文：He dared to admit his mistakes and earned the respect of the fans.

5.
中文：这场比赛的失利，教练需要承担一部分责任。
拼音：zhè chǎng bǐ sài de shī lì，jiào liàn xū yào chéng dān yí bù fèn zé rèn。
英文：The coach needs to bear part of the responsibility for the defeat in this match.

6.
中文：球迷们对球队的表现寄予厚望。
拼音：qiú mí men duì qiú duì de biǎo xiàn jì yǔ hòu wàng。
英文：The fans have high hopes for the team's performance.

7.
中文：他主动承担起了球队的进攻重任。
拼音：tā zhǔ dòng chéng dān qǐ le qiú duì de jìn gōng zhòng rèn。
英文：He took the initiative to bear the responsibility of the team's offense.

8.

www.TestHSK.com

中文：球迷们对他的进球欢呼不已。
拼音：qiú mí men duì tā de jìn qiú huān hū bù yǐ。
英文：The fans cheered endlessly for his goal.

9.
中文：作为球队的核心，他必须承担领导责任。
拼音：zuò wéi qiú duì de hé xīn，tā bì xū chéng dān lǐng dǎo zé rèn。
英文：As the core of the team, he must bear the leadership responsibility.

10.
中文：球迷们对这场比赛的失利感到失望。
拼音：qiú mí men duì zhè chǎng bǐ sài de shī lì gǎn dào shī wàng。
英文：The fans felt disappointed about the defeat in this match.

11.
中文：俱乐部应该为球迷提供更好的观赛体验。
拼音：jù lè bù yīng gāi wèi qiú mí tí gōng gèng hǎo de guān sài tǐ yàn。
英文：The club should provide better viewing experiences for the fans.

12.
中文：他勇于在关键时刻承担压力。
拼音：tā yǒng yú zài guān jiàn shí kè chéng dān yā lì。
英文：He dares to bear pressure in crucial moments.

13.
中文：球迷们对他的转会感到震惊。
拼音：qiú mí men duì tā de zhuǎn huì gǎn dào zhèn jīng。
英文：The fans were shocked by his transfer.

14.
中文：作为球迷，我们支持他的一切决定。
拼音：zuò wéi qiú mí，wǒ men zhī chí tā de yí qiè jué dìng。
英文：As fans, we support all his decisions.

15.
中文：他承担起了为球队注入新活力的重任。
拼音：tā chéng dān qǐ le wèi qiú duì zhù rù xīn huó lì de zhòng rèn。
英文：He took on the responsibility of injecting new vitality into the team.

16.
中文：球迷们对他的回归表示热烈欢迎。
拼音：qiú mí men duì tā de huí guī biǎo shì rè liè huān yíng。
英文：The fans warmly welcomed his return.

17.

中文：他勇于承担风险，为球队带来了胜利。
拼音：tā yǒng yú chéng dān fēng xiǎn，wèi qiú duì dài lái le shèng lì。
英文：He dared to take risks and brought victory to the team.

18.
中文：作为球迷，我们期待他的精彩表现。
拼音：zuò wéi qiú mí，wǒ men qī dài tā de jīng cǎi biǎo xiàn。
英文：As fans, we look forward to his excellent performance.

19.
中文：他承担起了为球迷带来欢乐的责任。
拼音：tā chéng dān qǐ le wèi qiú mí dài lái huān lè de zé rèn。
英文：He took on the responsibility of bringing joy to the fans.

20.
中文：球迷们对他的努力表示赞赏。
拼音：qiú mí men duì tā de nǔ lì biǎo shì zàn shǎng。
英文：The fans appreciated his efforts.

Chapter 6：程度, 趋势

程度 —— chéng dù —— Level; degree; extent
趋势 —— qū shì —— Trend; tendency

中文：近年来，环境污染的程度日益严重。
拼音：jìn nián lái，huán jìng wū rǎn de chéng dù rì yì yán zhòng。
英文：In recent years, the degree of environmental pollution has become increasingly severe.

2.
中文：经济发展的趋势呈现出稳步增长。
拼音：jīng jì fā zhǎn de qū shì chéng xiàn chū wěn bù zēng zhǎng。
英文：The trend of economic development shows a steady growth.

3.
中文：全球变暖的程度正在加速。
拼音：quán qiú biàn nuǎn de chéng dù zhèng zài jiā sù。
英文：The degree of global warming is accelerating.

4.
中文：根据数据，这个城市的犯罪率呈现下降趋势。
拼音：gēn jù shù jù，zhè gè chéng shì de fàn zuì lǜ chéng xiàn xià jiàng qū shì。
英文：According to data, the crime rate in this city is showing a downward trend.

5.
中文：他的英语进步程度让人惊讶。
拼音：tā de yīng yǔ jìn bù chéng dù ràng rén jīng yà。
英文：The degree of his progress in English is astonishing.

6.
中文：随着科技的进步，自动化生产的趋势越来越明显。
拼音：suí zhe kē jì de jìn bù，zì dòng huà shēng chǎn de qū shì yuè lái yuè míng xiǎn。
英文：With the advancement of technology, the trend of automated production is becoming increasingly obvious.

7.
中文：我们需要关注社会不平等程度的加剧。
拼音：wǒ men xū yào guān zhù shè huì bù píng děng chéng dù de jiā jù。
英文：We need to pay attention to the intensification of social inequality.

8.

中文：健康饮食的趋势在全球范围内逐渐普及。
拼音：jiàn kāng yǐn shí de qū shì zài quán qiú fàn wéi nèi zhú jiàn pǔ jí。
英文：The trend of healthy eating is gradually becoming popular worldwide.

9.
中文：气候变化对全球农业生产的影响程度不容忽视。
拼音：qì hòu biàn huà duì quán qiú nóng yè shēng chǎn de yǐng xiǎng chéng dù bù róng hū shì。
英文：The degree of impact of climate change on global agricultural production cannot be ignored.

10.
中文：他对音乐的热爱程度无人能及。
拼音：tā duì yīn yuè de rè ài chéng dù wú rén néng jí。
英文：His passion for music is unparalleled.

11.
中文：教育投入的增加对改善教育不平等的程度有显著效果。
拼音：jiào yù tóu rù de zēng jiā duì gǎi shàn jiào yù bù píng děng de chéng dù yǒu xiǎn zhù xiào guǒ。
英文：Increased investment in education has a significant effect on improving the degree of educational inequality.

12.
中文：这个行业的发展趋势非常乐观。
拼音：zhè gè háng yè de fā zhǎn qū shì fēi cháng lè guān。
英文：The development trend of this industry is very optimistic.

13.
中文：我们应该采取措施降低贫困程度的加深。
拼音：wǒ men yīng gāi cǎi qǔ cuò shī jiàng dī pín kùn chéng dù de jiā shēn。
英文：We should take measures to reduce the deepening of poverty levels.

14.
中文：全球范围内的数字化趋势正在加速发展。
拼音：quán qiú fàn wéi nèi de shù zì huà qū shì zhèng zài jiā sù fā zhǎn。
英文：The trend of digitization is accelerating worldwide.

15.
中文：他的健康状况的恶化程度令人担忧。
拼音：tā de jiàn kāng zhuàng kuàng de è huà chéng dù lìng rén dān yōu。
英文：The degree of deterioration in his health is worrying.

16.

中文：我们需要注意气候变化对全球气温升高程度的影响。
拼音：wǒ men xū yào zhù yì qì hòu biàn huà duì quán qiú qì wēn shēng gāo chéng dù de yǐng xiǎng。
英文：We need to pay attention to the impact of climate change on the degree of global temperature rise.

17.
中文：他学习外语的程度已经达到了专业水平。
拼音：tā xué xí wài yǔ de chéng dù yǐ jīng dá dào le zhuān yè shuǐ píng。
英文：His proficiency in learning foreign languages has reached a professional level.

18.
中文：全球城市化的发展趋势在加速推进。
拼音：quán qiú chéng shì huà de fā zhǎn qū shì zài jiā sù tuī jìn。
英文：The trend of global urbanization is accelerating.

19.
中文：我们需要评估科技进步对就业市场影响程度的变化。
拼音：wǒ men xū yào píng gū kē jì jìn bù duì jiù yè shì chǎng yǐng xiǎng chéng dù de biàn huà。
英文：We need to assess the changing degree of impact of technological progress on the job market.

20.
中文：他的抑郁程度已经严重影响到了他的工作和生活。
拼音：tā de yì yù chéng dù yǐ jīng yán zhòng yǐng xiǎng dào le tā de gōng zuò hé shēng huó。
英文：The degree of his depression has seriously affected his work and life.

Chapter 7：成分, 娶

成分 —— chéng fèn —— Composition; component part; ingredient
娶 —— qǔ —— Marry [a woman]

中文：这个化妆品的成分很天然。
拼音：zhè gè huà zhuāng pǐn de chéng fèn hěn tiānrán。
英文：The ingredients of this cosmetic are very natural.

2.
中文：娶妻要娶贤，不能只看外表。
拼音：qǔ qī yào qǔ xián, bù néng zhǐ kàn wài biǎo。
英文：When marrying a wife, one should marry a virtuous one, not just based on appearance.

3.
中文：食品成分表上有详细的营养成分。
拼音：shí pǐn chéng fèn biǎo shàng yǒu xiáng xì de yíng yǎng chéng fèn。
英文：The food ingredient list has detailed nutritional information.

4.
中文：他娶了一个勤劳的妻子。
拼音：tā qǔ le yí gè qín láo de qī zǐ。
英文：He married a diligent wife.

5.
中文：这个药物的成分能缓解头痛。
拼音：zhè gè yào wù de chéng fèn néng huǎn jiě tóu tòng。
英文：The ingredients of this medicine can relieve headaches.

6.
中文：他娶妻后变得更加成熟稳重。
拼音：tā qǔ qī hòu biàn dé gèng jiā chéng shú wěn zhòng。
英文：After marrying, he became more mature and steady.

7.
中文：检查食品的成分很重要。
拼音：jiǎn chá shí pǐn de chéng fèn hěn zhòng yào。
英文：It is important to check the ingredients of food.

8.

中文：他娶了一个精通厨艺的妻子。
拼音：tā qǔ le yí gè jīng tōng chú yì de qī zǐ。
英文：He married a wife who is proficient in cooking.

9.
中文：这种护肤品的成分很温和。
拼音：zhè zhǒng hù fū pǐn de chéng fèn hěn wēnhé。
英文：The ingredients of this skincare product are very gentle.

10.
中文：他娶了一个与他志同道合的妻子。
拼音：tā qǔ le yí gè yǔ tā zhì tóng dào hé de qī zǐ。
英文：He married a wife who shares the same aspirations and goals with him.

11.
中文：食品成分的安全是消费者关心的重点。
拼音：shí pǐn chéng fèn de ān quán shì xiāo fèi zhě guān xīn de zhòng diǎn。
英文：The safety of food ingredients is a major concern for consumers.

12.
中文：他娶了一个有着丰富经验的妻子。
拼音：tā qǔ le yí gè yǒu zhe fēng fù jīng yàn de qī zǐ。
英文：He married a wife with extensive experience.

13.
中文：这个产品的成分需要详细标注。
拼音：zhè gè chǎn pǐn de chéng fèn xū yào xiáng xì biāo zhù。
英文：The ingredients of this product need to be detailedly labeled.

14.
中文：他娶妻后，家里的气氛变得更加和谐。
拼音：tā qǔ qī hòu, jiā lǐ de qì fēn biàn dé gèng jiā hé xié。
英文：After marrying, the atmosphere at home became more harmonious.

15.
中文：她想知道这个面膜的成分是什么。
拼音：tā xiǎng zhī dào zhè gè miàn mó de chéng fèn shì shén me。
英文：She wants to know what the ingredients of this face mask are.

16.
中文：娶个好妻子是男人的福气。
拼音：qǔ gè hǎo qī zǐ shì nán rén de fú qì。
英文：Marrying a good wife is a blessing for a man.

17.

中文：这个保健品的成分对身体有益。
拼音：zhè gè bǎo jiàn pǐn de chéng fèn duì shēn tǐ yǒu yì。
英文：The ingredients of this health supplement are beneficial to the body.

18.
中文：他娶妻后，事业也有了新的发展。
拼音：tā qǔ qī hòu, shì yè yě yǒu le xīn de fā zhǎn。
英文：After marrying, his career also had new developments.

19.
中文：她想知道这个洗发水的成分是否安全。
拼音：tā xiǎng zhī dào zhè gè xǐ fà shuǐ de chéng fèn shì fǒu ān quán。
英文：She wants to know if the ingredients of this shampoo are safe.

20.
中文：娶妻生子，是人生大事。
拼音：qǔ qī shēng zǐ, shì rén shēng dà shì。
英文：Marrying and having children are major life events.

Chapter 8：成果, 取消

成果 —— chéng guǒ —— Achievement; gain; positive result

取消 —— qǔ xiāo —— Cancel; call off; abolish

中文：经过一年的努力，他的研究成果终于出来了。
拼音：jīng guò yí nián de nǔ lì, tā de yán jiū chéng guǒ zhōng yú chū lái le.
英文：After a year of hard work, his research results finally came out.

2.
中文：这个项目因为资金问题被取消了。
拼音：zhè gè xiàng mù yīn wèi zī jīn wèn tí bèi qǔ xiāo le.
英文：This project was cancelled due to funding issues.

3.
中文：取消这次会议的决定已经做出。
拼音：qǔ xiāo zhè cì huì yì de jué dìng yǐ jīng zuò chū.
英文：The decision to cancel this meeting has been made.

4.
中文：他的学习成果得到了老师的表扬。
拼音：tā de xué xí chéng guǒ dé dào le lǎo shī de biǎo yáng.
英文：His learning achievements were praised by his teacher.

5.
中文：公司决定取消这个产品的促销活动。
拼音：gōng sī jué dìng qǔ xiāo zhè gè chǎn pǐn de cù xiāo huó dòng.
英文：The company decided to cancel the promotional activities for this product.

6.
中文：取消订单后，他得到了全额退款。
拼音：qǔ xiāo dìng dān hòu, tā dé dào le quán é tuì kuǎn.
英文：After cancelling the order, he received a full refund.

7.
中文：这个项目的成果超出了我们的预期。
拼音：zhè gè xiàng mù de chéng guǒ chāo chū le wǒ men de yù qī.
英文：The results of this project exceeded our expectations.

8.

中文：因为天气原因，运动会被取消了。
拼音：yīn wèi tiān qì yuán yīn, yùn dòng huì bèi qǔ xiāo le.
英文：Due to weather conditions, the sports event was cancelled.

9.
中文：他花了很长时间才取得这个研究成果。
拼音：tā huā le hěn zhǎng shí jiān cái qǔ de zhè gè yán jiū chéng guǒ.
英文：It took him a long time to achieve this research result.

10.
中文：我们决定取消这个计划，因为它不切实际。
拼音：wǒ men jué dìng qǔ xiāo zhè gè jì huà, yīn wèi tā bù qiè shí jì.
英文：We decided to cancel this plan because it was unrealistic.

11.
中文：这次考试的成果将决定他的未来。
拼音：zhè cì kǎo shì de chéng guǒ jiāng jué dìng tā de wèi lái.
英文：The results of this exam will determine his future.

12.
中文：由于技术原因，这次发布会被取消了。
拼音：yóu yú jì shù yuán yīn, zhè cì fā bù huì bèi qǔ xiāo le.
英文：Due to technical reasons, the launch event was cancelled.

13.
中文：取消这个合同会给我们带来很大的损失。
拼音：qǔ xiāo zhè gè hé tóng huì gěi wǒ men dài lái hěn dà de sǔn shī.
英文：Cancelling this contract will cause us great losses.

14.
中文：他的成果在学术界得到了广泛的认可。
拼音：tā de chéng guǒ zài xué shù jiè dé dào le guǎng fàn de rèn kě.
英文：His achievements have been widely recognized in the academic community.

15.
中文：我们计划在下个月取消这个服务。
拼音：wǒ men jì huà zài xià gè yuè qǔ xiāo zhè gè fú wù.
英文：We plan to cancel this service next month.

16.
中文：这个研究成果有望改变行业格局。
拼音：zhè gè yán jiū chéng guǒ yǒu wàng gǎi biàn háng yè gé jú.
英文：This research result is expected to change the industry landscape.

17.
中文：由于客户反馈不佳，我们决定取消这个产品。
拼音：yóu yú kè hù fǎn kuì bù jiā, wǒ men jué dìng qǔ xiāo zhè gè chǎn pǐn.
英文：Due to poor customer feedback, we decided to cancel this product.

18.
中文：取消这次旅行计划让他感到失望。
拼音：qǔ xiāo zhè cì lǚ xíng jì huà ràng tā gǎn dào shī wàng.
英文：Cancelling this travel plan made him feel disappointed.

19.
中文：这个项目的成果对于公司的发展至关重要。
拼音：zhè gè xiàng mù de chéng guǒ duì yú gōng sī de fā zhǎn zhì guān zhòng yào.
英文：The results of this project are crucial to the company's development.

20.
中文：他决定取消这次面试，因为他已经找到了工作。
拼音：tā jué dìng qǔ xiāo zhè cì miàn shì, yīn wèi tā yǐ jīng zhǎo dào le gōng zuò.
英文：He decided to cancel this interview because he had already found a job.

Chapter 9：成就, 去世

成就 —— chéng jiù —— Achievement; accomplishment; attainment
去世 —— qù shì —— Die; pass away

中文：他一生的成就令人敬仰。
拼音：tā yī shēng de chéng jiù lìng rén jìng yǎng。
英文：His lifelong achievements are admirable.

2.
中文：这位科学家在去世前完成了重大发现。
拼音：zhè wèi kē xué jiā zài qù shì qián wán chéng le zhòng dà fā xiàn。
英文：This scientist completed a major discovery before his death.

3.
中文：他的去世让所有人都感到悲痛。
拼音：tā de qù shì ràng suǒ yǒu rén dōu gǎn dào bēi tòng。
英文：His death brought sorrow to everyone.

4.
中文：她的成就为后人树立了榜样。
拼音：tā de chéng jiù wèi hòu rén shù lì le bǎng yàng。
英文：Her achievements set an example for future generations.

5.
中文：他去世时，留下了无数的成就。
拼音：tā qù shì shí，liú xià le wú shù de chéng jiù。
英文：When he died, he left countless achievements.

6.
中文：这位艺术家的去世是艺术界的巨大损失。
拼音：zhè wèi yì shù jiā de qù shì shì yì shù jiè de jù dà sǔn shī。
英文：The death of this artist is a great loss to the art world.

7.
中文：他去世前最大的愿望是看到自己的成就被认可。
拼音：tā qù shì qián zuì dà de yuàn wàng shì kàn dào zì jǐ de chéng jiù bèi rèn kě。
英文：His greatest wish before his death was to see his achievements recognized.

8.
中文：她去世的消息传来，大家都为她的成就感到惋惜。
拼音：tā qù shì de xiāo xī chuán lái，dà jiā dōu wèi tā de chéng jiù gǎn dào wǎn

xī。
英文：When news of her death spread, everyone felt regretful for her achievements.

9.
中文：他的成就将永远铭刻在历史的长河中。
拼音：tā de chéng jiù jiāng yǒng yuǎn míng kè zài lì shǐ de cháng hé zhōng。
英文：His achievements will be forever etched in the annals of history.

10.
中文：他去世后，人们开始更加珍惜他的成就。
拼音：tā qù shì hòu，rén men kāi shǐ gèng jiā zhēn xī tā de chéng jiù。
英文：After his death, people began to cherish his achievements more.

11.
中文：他的去世让人感叹，但他的成就永存。
拼音：tā de qù shì ràng rén gǎn tàn，dàn tā de chéng jiù yǒng cún。
英文：His death is lamented, but his achievements live on.

12.
中文：她去世前，一直在努力追求更多的成就。
拼音：tā qù shì qián，yì zhí zài nǔ lì zhuī qiú gèng duō de chéng jiù。
英文：Before her death, she was constantly striving for more achievements.

13.
中文：他的去世让人们重新审视他的成就。
拼音：tā de qù shì ràng rén men chóng xīn shěn shì tā de chéng jiù。
英文：His death prompted people to reevaluate his achievements.

14.
中文：尽管他已经去世，但他的成就依然激励着我们。
拼音：jǐn guǎn tā yǐ jīng qù shì，dàn tā de chéng jiù yī rán jī lì zhe wǒ men。
英文：Although he has passed away, his achievements still inspire us.

15.
中文：他的去世并没有让他的成就黯然失色。
拼音：tā de qù shì bìng méi yǒu ràng tā de chéng jiù àn rán shī sè。
英文：His death did not dim his achievements.

16.
中文：她的成就使她成为了行业的标杆，但她去世后，人们依然怀念她。
拼音：tā de chéng jiù shǐ tā chéng wéi le háng yè de biāo gān，dàn tā qù shì hòu，rén men yī rán huái niàn tā。

英文：Her achievements made her a benchmark in the industry, and even after her death, people still miss her.

17.
中文：他的去世让人感到遗憾，但他的成就无人能及。
拼音：tā de qù shì ràng rén gǎn dào yí hàn，dàn tā de chéng jiù wú rén néng jí。
英文：His death is regrettable, but his achievements are unparalleled.

18.
中文：他去世后，他的成就被更多的人所了解。
拼音：tā qù shì hòu，tā de chéng jiù bèi gèng duō de rén suǒ liǎo jiě。
英文：After his death, his achievements were understood by more people.

19.
中文：她的去世让人痛惜，但她留下的成就永远闪耀。
拼音：tā de qù shì ràng rén tòng xī，dàn tā liú xià de chéng jiù yǒng yuǎn shǎn yào。
英文：Her death is lamented, but the achievements she left behind will shine forever.

20.
中文：他去世后，人们更加珍惜他所创造的每一个成就。
拼音：tā qù shì hòu，rén men gèng jiā zhēn xī tā suǒ chuàng zào de měi yí gè chéng jiù。
英文：After his death, people cherish every achievement he created even more.

Chapter 10：诚恳, 圈

诚恳 —— chéng kěn —— Sincere; earnest
圈 —— quān —— Circle; ring

中文：他诚恳地向大家道歉，赢得了大家的原谅。
拼音：tā chéng kěn dì xiàng dà jiā dào qiàn，yíng dé le dà jiā de yuán liàng。
英文：He sincerely apologized to everyone and earned their forgiveness.
  2.
中文：在这个圈子里，诚恳是成功的关键。
拼音：zài zhè gè quān zi lǐ，chéng kěn shì chéng gōng de guān jiàn。
英文：In this circle, sincerity is the key to success.
  3.
中文：他的诚恳态度赢得了同事们的尊重。
拼音：tā de chéng kěn tài dù yíng dé le tóng shì men de zūn zhòng。
英文：His sincere attitude earned him the respect of his colleagues.
  4.
中文：在这个艺术圈里，诚恳的创作才能打动人心。
拼音：zài zhè gè yì shù quān lǐ，chéng kěn de chuàng zuò cái néng dǎ dòng rén xīn。
英文：In the art circle, sincere creations can touch people's hearts.
  5.
中文：他诚恳地请求原谅，最终得到了宽恕。
拼音：tā chéng kěn dì qǐng qiú yuán liàng，zuì zhōng dé dào le kuān shù。
英文：He sincerely requested forgiveness and eventually received pardon.
  6.
中文：在这个商业圈里，诚恳是建立信任的基石。
拼音：zài zhè gè shāng yè quān lǐ，chéng kěn shì jiàn lì xìn rèn de jī shí。
英文：In the business circle, sincerity is the foundation for building trust.
  7.
中文：他的诚恳表现赢得了客户的信任。
拼音：tā de chéng kěn biǎo xiàn yíng dé le kè hù de xìn rèn。
英文：His sincere performance earned him the trust of his clients.
  8.

中文：在这个娱乐圈里，诚恳的艺人更受欢迎。
拼音：zài zhè gè yú lè quān lǐ，chéng kěn de yì rén gèng shòu huān yíng。
英文：In the entertainment circle, sincere artists are more popular.

9.
中文：他诚恳地接受了批评，并努力改进。
拼音：tā chéng kěn dì jiē shòu le pī píng，bìng nǔ lì gǎi jìn。
英文：He sincerely accepted the criticism and worked hard to improve.

10.
中文：在这个学术圈里，诚恳的研究态度至关重要。
拼音：zài zhè gè xué shù quān lǐ，chéng kěn de yán jiū tài dù zhì guān zhòng yào。
英文：In the academic circle, a sincere research attitude is crucial.

11.
中文：他的诚恳让人感受到了他的真诚。
拼音：tā de chéng kěn ràng rén gǎn shòu dào le tā de zhēn chéng。
英文：His sincerity was felt by others through his honest demeanor.

12.
中文：在这个社交圈里，诚恳是建立友谊的桥梁。
拼音：zài zhè gè shè jiāo quān lǐ，chéng kěn shì jiàn lì yǒu yì de qiáo liáng。
英文：In the social circle, sincerity is the bridge for building friendship.

13.
中文：他诚恳地表达了自己的观点，赢得了大家的认可。
拼音：tā chéng kěn dì biǎo dá le zì jǐ de guān diǎn，yíng dé le dà jiā de rèn kě。
英文：He sincerely expressed his opinion and earned everyone's recognition.

14.
中文：在这个体育圈里，诚恳的运动员更受尊重。
拼音：zài zhè gè tǐ yù quān lǐ，chéng kěn de yùn dòng yuán gèng shòu zūn zhòng。
英文：In the sports circle, sincere athletes are more respected.

15.
中文：他的诚恳赢得了对手的敬佩。
拼音：tā de chéng kěn yíng dé le duì shǒu de jìng pèi。
英文：His sincerity earned him the admiration of his opponents.

16.
中文：在这个政治圈里，诚恳的领导人更受民众欢迎。
拼音：zài zhè gè zhèng zhì quān lǐ，chéng kěn de lǐng dǎo rén gèng shòu mín zhòng huān yíng。
英文：In the political circle, sincere leaders are more popular among the people.

17.
中文：他诚恳地请求帮助，最终得到了援助。
拼音：tā chéng kěn dì qǐng qiú bāng zhù, zuì zhōng dé dào le yuán zhù。
英文：He sincerely requested help and eventually received assistance.

18.
中文：在这个文化圈里，诚恳的交流促进了文化的传播。
拼音：zài zhè gè wén huà quān lǐ, chéng kěn de jiāo liú cù jìn le wén huà de chuán bō。
英文：In the cultural circle, sincere exchanges promote the dissemination of culture.

19.
中文：他的诚恳让人愿意与他合作。
拼音：tā de chéng kěn ràng rén yuàn yì yǔ tā hé zuò。
英文：His sincerity makes people willing to cooperate with him.

20.
中文：在这个慈善圈里，诚恳的捐赠者更受尊重。
拼音：zài zhè gè chán shàn quān lǐ, chéng kěn de juān zèng zhě gèng shòu zūn zhòng。
英文：In the charity circle, sincere donors are more respected.

Chapter 11：成立, 权力

成立 —— chéng lì —— Found; to establish; set up

权力 —— quán lì —— Power; authority

1. 句子（中文）：公司成立之后，需要明确各部门的权力。
   拼音：gōng sī chéng lì zhī hòu, xū yào míng què gè bù mén de quán lì。
   英文：After the company is established, it needs to clarify the powers of each department.
2. 句子（中文）：新政府成立后，首要任务是巩固国家权力。
   拼音：xīn zhèng fǔ chéng lì hòu, shǒu yào rèn wù shì gǒng gù guó jiā quán lì。
   英文：After the new government is established, the primary task is to consolidate national power.
3. 句子（中文）：该协会成立已久，拥有广泛的行业权力。
   拼音：gāi xié huì chéng lì yǐ jiǔ, yōng yǒu guǎng fàn de háng yè quán lì。
   英文：The association has been established for a long time and holds extensive industry power.
4. 句子（中文）：他的公司成立之初，就明确了员工的权力与责任。
   拼音：tā de gōng sī chéng lì zhī chū, jiù míng què le yuán gōng de quán lì yǔ zé rèn。
   英文：At the inception of his company, he clarified the rights and responsibilities of employees.
5. 句子（中文）：成立一个组织需要明确领导者的权力范围。
   拼音：chéng lì yí gè zǔ zhī xū yào míng què lǐng dǎo zhě de quán lì fàn wéi。
   英文：Establishing an organization requires clarifying the scope of power of the leader.
6. 句子（中文）：这个国家成立以后，一直致力于扩大自己的国际权力。
   拼音：zhè gè guó jiā chéng lì yǐ hòu, yì zhí zhì lì yú kuò dà zì jǐ de guó jì quán lì。
   英文：Since its establishment, this country has been striving to expand its international power.
7. 句子（中文）：成立一个慈善机构需要政府授权，以确保其权力合法。
   拼音：chéng lì yí gè cì shàn jī gòu xū yào zhèng fǔ shòu quán, yǐ què bǎo

www.TestHSK.com

qí quán lì hé fǎ。

英文：Establishing a charity organization requires government authorization to ensure its legitimate power.

8. 句子（中文）：该公司在成立初期就拥有了强大的市场权力。

拼音：gāi gōng sī zài chéng lì chū qī jiù yōng yǒu le qiáng dà de shì chǎng quán lì。

英文：In its early stages of establishment, the company gained significant market power.

9. 句子（中文）：成立一个政党需要明确党的内部权力结构。

拼音：chéng lì yí gè zhèng dǎng xū yào míng què dǎng de nèi bù quán lì jié gòu。

英文：Establishing a political party requires clarifying the internal power structure of the party.

10. 句子（中文）：这个基金会的成立，旨在保护弱势群体的权力。

拼音：zhè gè jī jīn huì de chéng lì，zhǐ zài bǎo hù ruò shì qún tǐ de quán lì。

英文：The establishment of this foundation aims to protect the rights of vulnerable groups.

11. 句子（中文）：成立一个监督机构是为了确保政府权力不被滥用。

拼音：chéng lì yí gè jiān dū jī gòu shì wèi le què bǎo zhèng fǔ quán lì bù bèi làn yòng。

英文：Establishing a supervisory body is to ensure that government power is not abused.

12. 句子（中文）：成立一个委员会来审查政府的权力使用情况。

拼音：chéng lì yí gè wěi yuán huì lái shěn chá zhèng fǔ de quán lì shǐ yòng qíng kuàng。

英文：Establishing a committee to review the government's use of power.

13. 句子（中文）：成立一个工会是为了保障工人的权力和福利。

拼音：chéng lì yí gè gōng huì shì wèi le bǎo zhàng gōng rén de quán lì hé fú lì。

英文：Establishing a union is to safeguard workers' rights and benefits.

14. 句子（中文）：公司成立之后，迅速扩大了其在行业内的权力。

拼音：gōng sī chéng lì zhī hòu，xùn sù kuò dà le qí zài háng yè nèi de quán lì。

英文：After the company's establishment, it rapidly expanded its power within the industry.

15. 句子（中文）：成立一个研究小组，旨在研究如何平衡权力与责任。
拼音：chéng lì yí gè yán jiū xiǎo zǔ, zhǐ zài yán jiū rú hé píng héng quán lì yǔ zé rèn。
英文：Establishing a research group aimed at studying how to balance power and responsibility.

16. 句子（中文）：该组织的成立，标志着其在地区内的权力得到了认可。
拼音：gāi zǔ zhī de chéng lì, biāo zhì zhe qí zài dì qū nèi de quán lì dé dào le rèn kě。
英文：The establishment of the organization marks the recognition of its power in the region.

17. 句子（中文）：成立一个仲裁机构，以公正地裁决权力纠纷。
拼音：chéng lì yí gè zhòng cái jī gòu, yǐ gōng zhèng dì cái jué quán lì jiū fēn。
英文：Establishing an arbitration body to impartially adjudicate disputes over power.

18. 句子（中文）：成立一个咨询委员会，以提供关于权力分配的建议。
拼音：chéng lì yí gè zī xún wěi yuán huì, yǐ tí gōng guān yú quán lì fēn pèi de jiàn yì。
英文：Establishing a consultative committee to provide advice on power allocation.

19. 句子（中文）：成立一个监督小组，以确保公司高层权力的合法使用。
拼音：chéng lì yí gè jiān dū xiǎo zǔ, yǐ què bǎo gōng sī gāo céng quán lì de hé fǎ shǐ yòng。
英文：Establishing a supervisory team to ensure the legal use of senior management power in the company.

20. 句子（中文）：该大学成立后，致力于培养学生的权力意识和责任感。
拼音：gāi dà xué chéng lì hòu, zhì lì yú péi yǎng xué shēng de quán lì yì shí hé zé rèn gǎn。
英文：After its establishment, the university is committed to cultivating students' awareness of power and sense of responsibility.

Chapter 12：成人, 权利

成人 —— chéng rén —— Adult
权利 —— quán lì —— (Legal) right; interest

以下是 20 个包含"成人"和"权利"单词中的一个或两个的句子，包括中文、拼音和英文翻译：

1. 句子（中文）：成年人应享有平等的权利。
   拼音：chéng nián rén yīng xiǎng yǒu píng děng de quán lì。
   英文：Adults should enjoy equal rights.

2. 句子（中文）：成人后，他开始意识到自己的权利和责任。
   拼音：chéng rén hòu，tā kāi shǐ yì shí dào zì jǐ de quán lì hé zé rèn。
   英文：After becoming an adult, he began to realize his rights and responsibilities.

3. 句子（中文）：我们尊重每个人的成人权利，包括隐私权。
   拼音：wǒ men zūn zhòng měi gè rén de chéng rén quán lì，bāo kuò yǐn sī quán。
   英文：We respect everyone's adult rights, including privacy.

4. 句子（中文）：社会应该保障成人的基本权利，如教育权、就业权。
   拼音：shè huì yīng gāi bǎo zhàng chéng rén de jī běn quán lì，rú jiào yù quán、jiù yè quán。
   英文：Society should safeguard adults' basic rights, such as the right to education and employment.

5. 句子（中文）：成人有权利选择自己的生活方式。
   拼音：chéng rén yǒu quán lì xuǎn zé zì jǐ de shēng huó fāng shì。
   英文：Adults have the right to choose their own lifestyle.

6. 句子（中文）：在成人教育中，我们强调学生的自主学习权利。
   拼音：zài chéng rén jiào yù zhōng，wǒ men qiáng diào xué shēng de zì zhǔ xué xí quán lì。
   英文：In adult education, we emphasize students' right to autonomous learning.

7. 句子（中文）：每个成人都有权利追求自己的幸福。
   拼音：měi gè chéng rén dōu yǒu quán lì zhuī qiú zì jǐ de xìng fú。
   英文：Every adult has the right to pursue their own happiness.

8. 句子（中文）：成人有权表达自己的政治观点。
   拼音：chéng rén yǒu quán biǎo dá zì jǐ de zhèng zhì guān diǎn。
   英文：Adults have the right to express their political views.

9. 句子（中文）：在成人世界里，我们重视每个人的权利和自由。
   拼音：zài chéng rén shì jiè lǐ，wǒ men zhòng shì měi gè rén de quán lì hé zì yóu。
   英文：In the adult world, we value everyone's rights and freedoms.

10. 句子（中文）：成人应该了解自己的权利，并学会保护它们。
    拼音：chéng rén yīng gāi liǎo jiě zì jǐ de quán lì，bìng xué huì bǎo hù tā men。
    英文：Adults should understand their rights and learn to protect them.

11. 句子（中文）：成人有权利参与社会决策。
    拼音：chéng rén yǒu quán lì cān yù shè huì jué cè。
    英文：Adults have the right to participate in social decision-making.

12. 句子（中文）：在成人教育中，我们重视培养学生的权利意识。
    拼音：zài chéng rén jiào yù zhōng，wǒ men zhòng shì péi yǎng xué shēng de quán lì yì shí。
    英文：In adult education, we emphasize cultivating students' awareness of rights.

13. 句子（中文）：成人有权利要求公正对待。
    拼音：chéng rén yǒu quán lì yāo qiú gōng zhèng duì dài。
    英文：Adults have the right to demand fair treatment.

14. 句子（中文）：成人有权利享受社会福利。
    拼音：chéng rén yǒu quán lì xiǎng shòu shè huì fú lì。
    英文：Adults have the right to enjoy social welfare.

15. 句子（中文）：在成人世界里，我们尊重每个人的权利选择。
    拼音：zài chéng rén shì jiè lǐ，wǒ men zūn zhòng měi gè rén de quán lì xuǎn zé。
    英文：In the adult world, we respect everyone's right to choose.

16. 句子（中文）：成人有权利追求职业发展。
    拼音：chéng rén yǒu quán lì zhuī qiú zhí yè fā zhǎn。
    英文：Adults have the right to pursue career development.

17. 句子（中文）：在成人世界里，我们鼓励人们行使自己的权利。
    拼音：zài chéng rén shì jiè lǐ，wǒ men gǔ lì rén men xíng shǐ zì jǐ de quán lì。
    英文：In the adult world, we encourage people to exercise their rights.

18. 句子（中文）：成人有权利参与公共事务的讨论。
    拼音：chéng rén yǒu quán lì cān yù gōng gòng shì wù de tǎo lùn。
    英文：Adults have the right to participate in discussions on public affairs.
19. 句子（中文）：在成人教育中，我们强调学生的权利与责任并重。
    拼音：zài chéng rén jiào yù zhōng, wǒ men qiáng diào xué shēng de quán lì yǔ zé rèn bìng zhòng。
    英文：In adult education, we emphasize both students' rights and responsibilities.
20. 句子（中文）：成人有权利维护自己的合法权益。
    拼音：chéng rén yǒu quán lì wé hiù zì jǐ de hé fǎ quán yì。
    英文：Adults have the right to defend their legitimate rights and interests.

Chapter 13：承认, 全面

承认 —— chéng rèn —— To admit; to acknowledge; to recognize

全面 —— quán miàn —— All-round; entire; comprehensive;

句子列表
1. **中文**：他终于承认了自己的错误。
   拼音：tā zhōngyú chéngrèn le zìjǐ de cuòwù。
   英文：He finally admitted his mistake.
2. **中文**：全面分析这个问题很重要。
   拼音：quánmiàn fēnxī zhè gè wèntí hěn zhòngyào。
   英文：A comprehensive analysis of this issue is important.
3. **中文**：公司必须全面改进工作流程。
   拼音：gōngsī bìxū quánmiàn gǎijìn gōngzuò liúchéng。
   英文：The company must comprehensively improve its workflow.
4. **中文**：她承认自己的不足，并努力改进。
   拼音：tā chéngrèn zìjǐ de bùzú，bìng nǔlì gǎijìn。
   英文：She admitted her shortcomings and worked hard to improve.
5. **中文**：全面检查设备是确保安全的关键。
   拼音：quánmiàn jiǎnchá shèbèi shì quèbǎo ānquán de guānjiàn。
   英文：A comprehensive inspection of equipment is key to ensuring safety.
6. **中文**：在法庭上，他不得不承认自己的罪行。
   拼音：zài fǎtíng shàng，tā bùdébù chéngrèn zìjǐ de zuìxíng。
   英文：In court, he had to admit his guilt.
7. **中文**：全面推广环保理念是我们的责任。
   拼音：quánmiàn tuīguǎng huánbǎo lǐniàn shì wǒmen de zérèn。
   英文：It is our responsibility to comprehensively promote environmental protection.
8. **中文**：她全面研究了市场趋势。
   拼音：tā quánmiàn yánjiū le shìchǎng qūshì。
   英文：She comprehensively studied market trends.

9. 中文：政府承认了气候变化的事实。
   拼音：zhèngfǔ chéngrèn le qìhòu biànhuà de shìshí。
   英文：The government admitted the reality of climate change.
10. 中文：全面加强安全管理是当务之急。
    拼音：quánmiàn jiāqiáng ānquán guǎnlǐ shì dāngwùzhījí。
    英文：Comprehensively strengthening safety management is a top priority.
11. 中文：他承认了自己的无知。
    拼音：tā chéngrèn le zìjǐ de wúzhī。
    英文：He admitted his ignorance.
12. 中文：我们需要全面评估这个项目的风险。
    拼音：wǒmen xūyào quánmiàn pínggū zhè gè xiàngmù de fēngxiǎn。
    英文：We need to comprehensively assess the risks of this project.
13. 中文：全面优化产品设计是必要的。
    拼音：quánmiàn yōuhuà chǎnpǐn shèjì shì bìyào de。
    英文：It is necessary to comprehensively optimize product design.
14. 中文：他承认了自己的失败。
    拼音：tā chéngrèn le zìjǐ de shībài。
    英文：He admitted his failure.
15. 中文：全面改革教育体系是未来的方向。
    拼音：quánmiàn gǎigé jiàoyù tǐxì shì wèilái de fāngxiàng。
    英文：Comprehensively reforming the education system is the future direction.
16. 中文：他全面阐述了公司的战略目标。
    拼音：tā quánmiàn chǎnshù le gōngsī de zhànlüè mùbiāo。
    英文：He comprehensively explained the company's strategic goals.
17. 中文：政府全面支持环保政策。
    拼音：zhèngfǔ quánmiàn zhīchí huánbǎo zhèngcè。
    英文：The government fully supports environmental protection policies.
18. 中文：她承认了自己在这件事上的错误。
    拼音：tā chéngrèn le zìjǐ zài zhè jiàn shì shàng de cuòwù。
    英文：She admitted her mistake in this matter.
19. 中文：全面提升员工素质是公司的发展目标。
    拼音：quánmiàn tíshēng yuángōng sùzhì shì gōngsī de fāzhǎn mùbiāo。
    英文：Comprehensively improving employee quality is the company's development goal.

20. 中文：他全面检查了实验设备。
    拼音：tā quánmiàn jiǎnchá le shìyàn shèbèi。
    英文：He comprehensively inspected the experimental equipment.

Chapter 14：承受, 劝

承受 —— chéng shòu —— To bear; support; to endure; inherit
劝 —— quàn —— Advise; urge; try to persuade

句子列表

1. 中文：他无法承受失去亲人的痛苦。
   拼音：tā wúfǎ chéngshòu shīqù qīnrén de tòngkǔ。
   英文：He couldn't bear the pain of losing his loved ones.

2. 中文：我劝你还是放弃这个想法吧。
   拼音：wǒ quàn nǐ hái shì fàngqì zhè gè xiǎngfǎ ba。
   英文：I advise you to give up this idea.

3. 中文：长期的压力让他难以承受。
   拼音：chángqī de yālì ràng tā nányǐ chéngshòu。
   英文：Long-term stress is hard for him to bear.

4. 中文：我劝你早点休息，明天还要上班。
   拼音：wǒ quàn nǐ zǎodiǎn xiūxī, míngtiān hái yào shàngbān。
   英文：I advise you to rest early, you have work tomorrow.

5. 中文：他承受了巨大的经济损失。
   拼音：tā chéngshòu le jùdà de jīngjì sǔnshī。
   英文：He suffered huge economic losses.

6. 中文：我劝你冷静一下，再做决定。
   拼音：wǒ quàn nǐ lěngjìng yīxià, zài zuò juédìng。
   英文：I advise you to calm down before making a decision.

7. 中文：他承受着巨大的心理压力。
   拼音：tā chéngshòu zhe jùdà de xīnlǐ yālì。
   英文：He is under immense psychological pressure.

www.TestHSK.com

8. 中文：我劝你还是接受这个现实吧。
   拼音：wǒ quàn nǐ hái shì jiēshòu zhè gè xiànshí ba。
   英文：I advise you to accept this reality.

9. 中文：他承受了巨大的打击，但没有放弃。
   拼音：tā chéngshòu le jùdà de dǎjī，dàn méiyǒu fàngqì。
   英文：He suffered a huge blow, but didn't give up.

10. 中文：我劝你多出去走走，放松心情。
    拼音：wǒ quàn nǐ duō chūqù zǒuzǒu，fàngsōng xīnqíng。
    英文：I advise you to go out more and relax.

11. 中文：他承受了所有责任，没有推卸。
    拼音：tā chéngshòu le suǒyǒu zérèn，méiyǒu tuīxiè。
    英文：He took all the responsibility and didn't shift the blame.

12. 中文：我劝你还是面对现实，别再逃避了。
    拼音：wǒ quàn nǐ hái shì miànduì xiànshí，bié zài táobì le。
    英文：I advise you to face reality and stop escaping.

13. 中文：他承受着孤独和寂寞。
    拼音：tā chéngshòu zhe gūdú hé jìmò。
    英文：He bears loneliness and solitude.

14. 中文：我劝你好好学习，别浪费时间。
    拼音：wǒ quàn nǐ hǎohǎo xuéxí，bié làngfèi shíjiān。
    英文：I advise you to study hard and not waste time.

15. 中文：他承受了很大的压力，但表现得非常坚强。
    拼音：tā chéngshòu le hěndà de yālì，dàn biǎoxiàn de fēicháng jiānqiáng。
    英文：He bore a lot of pressure, but showed great strength.

16. 中文：我劝你冷静思考，别冲动行事。
    拼音：wǒ quàn nǐ lěngjìng sīkǎo，bié chōngdòng xíngshì。
    英文：I advise you to think calmly and not act impulsively.

17. 中文：他承受了失败的痛苦，但没有失去希望。
    拼音：tā chéngshòu le shībài de tòngkǔ, dàn méiyǒu shīqù xīwàng。
    英文：He suffered the pain of failure, but didn't lose hope.

18. 中文：我劝你要有耐心，不要急于求成。
    拼音：wǒ quàn nǐ yào yǒu nàixīn, búyào jíyú qiúchéng。
    英文：I advise you to be patient and not rush for success.

19. 中文：他承受着来自各方的压力。
    拼音：tā chéngshòu zhe láizì gèfāng de yālì。
    英文：He bears pressure from all sides.

20. 中文：我劝你放下过去，迎接新的开始。
    拼音：wǒ quàn nǐ fàngxià guòqù, yíngjiē xīn de kāishǐ。
    英文：I advise you to let go of the past and embrace a new beginning.

Chapter 15：成熟, 缺乏

成熟 —— chéng shú —— Mature
缺乏 —— quē fá —— Be short of; lack; deficiency

1. 句子（中文）：他处理问题的方式显得非常成熟。
   拼音：tā chǔ lǐ wèn tí de fāng shì xiǎn de fēi cháng chéng shú。
   英文：His way of dealing with problems appears very mature.

2. 句子（中文）：她虽然年轻，但思想上很成熟。
   拼音：tā suī rán nián qīng, dàn sī xiǎng shàng hěn chéng shú。
   英文：Although she is young, she is very mature in thought.

3. 句子（中文）：这个项目缺乏详细的规划。
   拼音：zhè gè xiàng mù quē fá xiáng xì de guī huà。
   英文：This project lacks detailed planning.

4. 句子（中文）：成熟的果实总是更加甜美。
   拼音：chéng shú de guǒ shí zǒng shì gèng jiā tián měi。
   英文：Ripe fruits are always sweeter.

5. 句子（中文）：他缺乏自信，总是怀疑自己。
   拼音：tā quē fá zì xìn, zǒng shì huái yí zì jǐ。
   英文：He lacks self-confidence and always doubts himself.

6. 句子（中文）：她的言行举止都透露出一种成熟的气质。
   拼音：tā de yán xíng jǔ zhǐ dōu tòu lù chū yī zhǒng chéng shú de qì zhì。
   英文：Her words and actions reveal a mature demeanor.

7. 句子（中文）：这个项目因为缺乏资金而被迫中止。
   拼音：zhè gè xiàng mù yīn wèi quē fá zī jīn ér bèi pò zhōng zhǐ。
   英文：The project was forced to stop due to a lack of funds.

8. 句子（中文）：他的想法还不够成熟，需要再考虑一下。
   拼音：tā de xiǎng fǎ hái bú gòu chéng shú, xū yào zài kǎo lǜ yī xià。
   英文：His ideas are not yet mature enough and need further consideration.

9. 句子（中文）：成熟的领导者知道如何激励团队。
   拼音：chéng shú de lǐng dǎo zhě zhī dào rú hé jī lì tuán duì。
   英文：Mature leaders know how to motivate their team.

10. 句子（中文）：他缺乏耐心，总是急于求成。
    拼音：tā quē fá nài xīn, zǒng shì jí yú qiú chéng。
    英文：He lacks patience and is always eager for quick success.

11. 句子（中文）：成熟的爱情需要时间的沉淀。
    拼音：chéng shú de ài qíng xū yào shí jiān de chén diàn。
    英文：Mature love requires the precipitation of time.

12. 句子（中文）：这个项目在技术上缺乏创新。
    拼音：zhè gè xiàng mù zài jì shù shàng quē fá chuàng xīn。
    英文：This project lacks innovation in technology.

13. 句子（中文）：他的思维还不够成熟，容易受他人影响。
    拼音：tā de sī wéi hái bú gòu chéng shú, róng yì shòu tā rén yǐng xiǎng。
    英文：His thinking is not yet mature enough and he is easily influenced by others.

14. 句子（中文）：成熟的作家能够深入挖掘人性的复杂。
    拼音：chéng shú de zuò jiā néng gòu shēn rù wā jué rén xìng de fù zá。
    英文：Mature writers can deeply explore the complexity of human nature.

15. 句子（中文）：这个计划因为缺乏细节而显得不够完善。
    拼音：zhè gè jì huà yīn wèi quē fá xì jié ér xiǎn de bú gòu wán shàn。
    英文：This plan appears incomplete due to a lack of details.

16. 句子（中文）：她的声音听起来很成熟，很有魅力。
    拼音：tā de shēng yīn tīng qǐ lái hěn chéng shú, hěn yǒu mèi lì。
    英文：Her voice sounds very mature and charming.

17. 句子（中文）：这个团队缺乏凝聚力，需要加强沟通。
    拼音：zhè gè tuán duì quē fá níng jù lì, xū yào jiā qiáng gōu tōng。
    英文：This team lacks cohesion and needs to strengthen communication.

18. 句子（中文）：成熟的艺术家懂得如何捕捉生活的美好。
    拼音：chéng shú de yì shù jiā dǒng de rú hé bǔ zhuō shēng huó de měi hǎo。
    英文：Mature artists know how to capture the beauty of life.

19. 句子（中文）：他缺乏经验，在处理问题时显得有些笨拙。
    拼音：tā quē fá jīng yàn, zài chǔ lǐ wèn tí shí xiǎn de yǒu xiē bèn zhuō。
    英文：He lacks experience and appears somewhat clumsy when dealing with problems.

20. 句子（中文）：成熟的决策者能够在压力下保持冷静。
    拼音：chéng shú de jué cè zhě néng gòu zài yā lì xià bǎo chí lěng jìng。
    英文：Mature decision-makers can remain calm under pressure.

Chapter 16：短文（一）
成长之路：承担与成就

在人生的旅途中，每个人都会遇到各种各样的情景与情绪，而如何在这些复杂多变的环境中成长，便成为了我们共同的课题。成长，不仅仅是年龄的增长，更是心智、责任与能力的全面提升。在这个过程中，"承担"与"成就"成为了两个不可或缺的关键词。

"承担"，意味着在面对生活的挑战与责任时，我们能够勇敢地站出来，不逃避、不推诿。它像是一座桥梁，连接着我们的现在与未来，让我们在每一次的抉择中学会坚强与独立。从小时候的学习任务，到成年后的工作职责，再到家庭中的责任担当，每一个阶段都需要我们去承担相应的义务。这种承担，不仅体现在物质层面的付出，更在于精神层面的坚持与努力。

而"成就"，则是承担之后收获的果实，是对我们努力与付出的最好证明。它可以是学业上的优异成绩，职场上的晋升加薪，也可以是家庭中的和谐美满。每一项成就背后，都凝聚着我们的汗水与泪水，是无数次失败后依然坚持不懈的结果。当我们站在成功的巅峰，回望来时的路，会发现那些曾经的承担与努力，都化作了今日手中的瑰宝。

在成长的道路上，我们还需学会"诚恳"地对待他人与自我。诚恳的称呼与称赞，能够拉近人与人之间的距离，让彼此的心灵更加贴近。同时，诚恳地承认自己的错误与不足，也是成熟与智慧的体现。它让我们在失败中汲取教训，在挫折中不断成长，最终成为更加完善的人。

此外，"成立"一个清晰的人生目标，对于我们的成长至关重要。它像是指引我们前行的灯塔，让我们在迷茫与困惑中找到方向。而"成人"不仅仅意味着年龄上的达标，更在于心智的成熟与责任感的增强。当我们能够承担起家庭、社会乃至国家的责任时，才真正意义上实现了从孩子到成人的蜕变。

然而，成长的道路并非一帆风顺。面对困难与挑战，我们需要有足够的"承受"能力，学会在逆境中坚持与奋斗。同时，也要时刻保持一颗"成熟"的心态，不被一时的得失所左右，以平和的心态去面对生活中的每一个起伏。

最后，当我们取得一定的成就时，不妨与家人、朋友一同"庆祝"，分享这份来之不易的喜悦。正如球迷们为喜爱的球队欢呼庆祝一样，我们也需要为自己的每一次进步与突破喝彩。因为，正是这些点点滴滴的成就，构成了我们丰富多彩的人生画卷。

总之，成长是一场既漫长又短暂的旅程。在这个过程中，我们需要勇敢地承担，不懈地追求，诚恳地面对，直至收获属于自己的那份成就。让我们携手并进，在这条充满挑战与机遇的道路上，共同书写属于自己的精彩篇章。

Chapter 17：短文（二）
成长的轨迹：从承担到成就

在人生的旅途中，每个人都会经历从青涩到成熟的蜕变过程。在这个过程中，"趁"着年轻，我们不断探索、学习，逐步"承担"起生活的责任，追求个人的"成就"。本文旨在探讨成长过程中的几个关键要素，包括承担、成果、成就、诚恳、成熟等，以及它们如何影响我们的成长轨迹。

"趁"着年轻，我们拥有无限的可能性和活力。这个阶段，我们往往对未知充满好奇，愿意尝试新事物，不断拓宽自己的视野和知识面。这种勇于探索的精神，是我们成长道路上的宝贵财富。同时，随着年龄的增长，我们开始意识到"承担"的重要性。无论是家庭责任、社会责任，还是个人梦想的实现，都需要我们勇于承担，不逃避、不推诿。

在承担的过程中，我们不断付出努力，积累"成果"。这些成果可能是学业上的优异成绩，也可能是工作中的出色表现，还可能是生活中的点滴进步。每一次成果的取得，都是对我们努力的肯定，也是激励我们继续前行的动力。更重要的是，这些成果汇聚成我们的"成就"，成为我们人生中的闪光点。

然而，成长并非一帆风顺。在追求成就的过程中，我们难免会遇到挫折和困难。这时，"诚恳"的态度显得尤为重要。诚恳地面对自己的不足，诚恳地接受他人的批评和建议，能够帮助我们更好地认识自己，找到改进的方向。同时，诚恳也是建立良好人际关系的基础，它让我们在与人交往中更加真诚、可信。

在成长的过程中，我们还需要学会"成熟"。成熟不仅仅意味着年龄的增长，更在于心智的成熟和情绪的稳定。面对复杂多变的情景和情绪，我们需要保持冷静和理智，不被情绪左右。只有这样，我们才能做出正确的决策，更好地应对生活中的挑战。

此外，成长的道路上还需要我们不断学习和进步。我们不仅要关注自己的"权利"和"权力"，更要学会承担更多的责任和义务。同时，我们也要学会"全面"地看待问题，不仅仅局限于自己的小圈子，而是要从更广阔的视角去审视世界。

当然，成长的过程中也会遇到一些需要"取消"的计划或"缺乏"的资源。这时，我们需要学会调整自己的心态和策略，灵活应对。同时，我们也要学会"劝"解自己，不要过于纠结于一时的得失，而是要保持积极向上的心态，继续前行。

最后，当我们取得一定的成就时，不妨与家人、朋友一起"庆祝"。这种庆祝不仅是对自己努力的肯定，也是对他人支持和帮助的感谢。正如球迷们为喜爱的球队欢呼庆祝一样，我们也应该为自己的成长和进步喝彩。

总之，成长的轨迹是一条充满挑战和机遇的道路。在这个过程中，我们需要勇敢地承担、不断地学习、诚恳地面对、成熟地应对。只有这样，我们才能取得更多的成果和成就，书写出属于自己的精彩人生。

Chapter 18：短文（三）
成长的足迹：从青涩到成熟

在人生的长河中，每个人都会经历从青涩到成熟的蜕变。这个过程中，我们学会了"承担"，收获了"成果"，最终达成了"成就"。而这一切，都离不开"诚恳"的态度、"全面"的视角，以及对"权利"与"权力"的正确理解。本文旨在探讨个人成长过程中的几个关键要素，以及它们如何影响我们的成长轨迹。

"趁"着年轻，我们拥有无限的可能性和活力。在这个阶段，我们不断探索未知，学习新知识，尝试新事物。每一次尝试，都是对自我的一次挑战和超越。而在这个过程中，我们逐渐学会了"承担"，无论是家庭责任、社会责任，还是个人梦想的实现，都需要我们勇于承担，不逃避、不推诿。

承担的过程中，我们付出了努力，也收获了"成果"。这些成果可能是学业上的优异成绩，也可能是工作中的出色表现，还可能是生活中的点滴进步。每一次成果的取得，都是对我们努力的肯定，也是激励我们继续前行的动力。更重要的是，这些成果汇聚成我们的"成就"，成为我们人生中的宝贵财富。

然而，成长并非一帆风顺。在追求成就的过程中，我们难免会遇到挫折和困难。这时，"诚恳"的态度显得尤为重要。诚恳地面对自己的不足，诚恳地接受他人的批评和建议，能够帮助我们更好地认识自己，找到改进的方向。同时，诚恳也是建立良好人际关系的基础，它让我们在与人交往中更加真诚、可信。

在成长的过程中，我们还需要学会"全面"地看待问题。不要局限于自己的小圈子，而是要从更广阔的视角去审视世界。这样，我们才能更好地理解社会现象，把握时代脉搏，从而做出正确的决策。

此外，对"权利"与"权力"的正确理解也是成长过程中的重要一环。我们既要懂得维护自己的合法权益，也要尊重他人的权利。同时，我们也要明白，权力并非个人的私有物，而是用来服务社会的工具。只有正确行使权力，才能为社会做出贡献。

当然，成长的道路上并非总是阳光明媚。有时，我们也会遇到需要"取消"的计划或"缺乏"的资源。这时，我们需要学会调整心态，灵活应对。同时，我们也要学会"劝"解自己，不要过于纠结于一时的得失，而是要保持积极向上的心态，继续前行。

当我们取得一定的成就时，不妨与家人、朋友一起"庆祝"。这种庆祝不仅是对自己努力的肯定，也是对他人支持和帮助的感谢。正如球迷们为喜爱的球队欢呼庆祝一样，我们也应该为自己的成长和进步喝彩。

最后，当我们逐渐走向成熟时，我们会更加懂得珍惜身边的人和事。我们会更加明白，人生的意义不仅在于追求个人的成就，更在于为社会做出贡献，为他人带来温暖和希望。

总之，成长的足迹是一条充满挑战和机遇的道路。在这个过程中，我们需要学会承担、诚恳面对、全面看待问题、正确行使权力，并时刻保持积极向上的心态。只有这样，我们才能从青涩走向成熟，成为社会的栋梁之才。

Chapter 19：短文（四）
成长的轨迹：从青涩到成熟的蜕变

在人生的旅途中，每个人都会经历从青涩到成熟的蜕变过程。这个过程充满了挑战与机遇，也伴随着我们的成长与进步。本文旨在探讨个人成长中的一些关键要素，如承担、成果、成就、诚恳、成熟等，以及它们如何影响我们的成长轨迹，同时融入一些给定的中文字符和词语。

"趁"着年轻，我们拥有无限的可能性和活力。在这个阶段，我们渴望探索未知，学习新知识，尝试新事物。每一次的尝试，无论成功还是失败，都是我们成长的一部分。在这个过程中，我们逐渐学会了"承担"。从承担家庭的小责任，到承担社会的大责任，我们逐渐成长为有担当的人。

承担的过程中，我们不断付出努力，也收获了"成果"。这些成果可能是学业上的优异成绩，也可能是工作中的出色表现。每一次成果的取得，都是对我们努力的肯定，也是我们成长道路上的一块里程碑。这些成果汇聚成我们的"成就"，让我们更加自信地面对未来。

然而，成长并非一帆风顺。在追求成就的过程中，我们难免会遇到挫折和困难。这时，"诚恳"的态度显得尤为重要。诚恳地面对自己的不足，诚恳地接受他人的批评和建议，能够帮助我们更好地认识自己，找到改进的方向。同时，诚恳也是建立良好人际关系的基础，让我们在与人交往中更加真诚、可信。

在成长的过程中，我们还需要学会"全面"地看待问题。不要局限于自己的小圈子，而是要从更广阔的视角去审视世界。这样，我们才能更好地理解社会现象，把握时代脉搏，从而做出正确的决策。同时，我们也要学会"承认"自己的不足，勇于面对自己的缺点，这样才能不断进步。

随着年龄的增长，我们逐渐走向"成熟"。成熟不仅仅是年龄的增长，更是心智的成熟和情绪的稳定。在面对复杂多变的情景和情绪时，我们能够保持冷静和理智，不被情绪左右。这种成熟的心态让我们更加从容地面对生活中的挑战和困难。

当然，成长的道路上并非总是阳光明媚。有时，我们也会遇到需要"取消"的计划或"缺乏"的资源。这时，我们需要学会调整心态，灵活应对。同时，我们也要学会"劝"解自己，不要过于纠结于一时的得失，而是要保持积极向上的心态，继续前行。

当我们取得一定的成就时，不妨与家人、朋友一起"庆祝"。这种庆祝不仅是对自己努力的肯定，也是对他人支持和帮助的感谢。正如球迷们为喜爱的球队欢呼庆祝一样，我们也应该为自己的成长和进步喝彩。

在成长的道路上，我们还会遇到许多人和事。他们或许会成为我们的朋友、伴侣或导师，陪伴我们走过一段段难忘的时光。当我们遇到心仪的人时，或许会"娶"她为妻，共同组建一个幸福的家庭。而当我们面对亲人的"去世"时，也会深刻体会到生命的脆弱和珍贵。

总之，成长的轨迹是一条充满挑战和机遇的道路。在这个过程中，我们需要学会承担、诚恳面对、全面看待问题、承认不足、承受挫折，并时刻保持成熟的心态。只有这样，我们才能从青涩走向成熟，成为社会的有用之才。

Chapter 20：短文（五）
成长的历程：从青涩到成熟的蜕变

在人生的旅途中，每个人都会经历从青涩到成熟的蜕变过程。这个过程充满了挑战与机遇，也伴随着我们的成长与进步。本文旨在通过一些特定的中文字符和词语，探讨个人成长中的关键要素，以及它们如何影响我们的成长轨迹。

"趁"着年轻，我们拥有无限的可能性和活力。在这个阶段，我们渴望探索未知，学习新知识，尝试新事物。每一次的尝试，无论成功还是失败，都是我们成长的一部分。我们渴望被"称赞"，这不仅是对我们努力的认可，更是激励我们继续前行的动力。

随着年龄的增长，我们逐渐学会了"承担"。从承担家庭的小责任，到承担社会的大责任，我们逐渐成长为有担当的人。在这个过程中，我们付出了努力，也收获了"成果"。这些成果可能是学业上的优异成绩，也可能是工作中的出色表现。每一次成果的取得，都是对我们努力的肯定，也是我们成长道路上的一块里程碑。这些成果的积累，最终汇聚成我们的"成就"，让我们更加自信地面对未来。

然而，成长并非一帆风顺。在追求成就的过程中，我们难免会遇到挫折和困难。这时，"诚恳"的态度显得尤为重要。诚恳地面对自己的不足，诚恳地接受他人的批评和建议，能够帮助我们更好地认识自己，找到改进的方向。同时，诚恳也是建立良好人际关系的基础，让我们在与人交往中更加真诚、可信。

在成长的过程中，我们还需要学会"全面"地看待问题。不要局限于自己的小圈子，而是要从更广阔的视角去审视世界。这样，我们才能更好地理解社会现象，把握时代脉搏，从而做出正确的决策。同时，我们也要学会"承认"自己的不足，勇于面对自己的缺点，这样才能不断进步。

随着年龄的增长和阅历的丰富，我们逐渐走向"成熟"。成熟不仅仅是年龄的增长，更是心智的成熟和情绪的稳定。在面对复杂多变的情景和情绪时，我们能够保持冷静和理智，不被情绪左右。这种成熟的心态让我们更加从容地面对生活中的挑战和困难。

当然，成长的道路上并非总是阳光明媚。有时，我们也会遇到需要"取消"的计划或"缺乏"的资源。这时，我们需要学会调整心态，灵活应对。同时，我们也要学会"劝"解自己，不要过于纠结于一时的得失，而是要保持积极向上的心态，继续前行。

当我们取得一定的成就时，不妨与家人、朋友一起"庆祝"。这种庆祝不仅是对自己努力的肯定，也是对他人支持和帮助的感谢。正如球迷们为喜爱的球队欢呼庆祝一样，我们也应该为自己的成长和进步喝彩。

在成长的道路上，我们还会遇到许多重要的人。他们可能是我们的家人、朋友、伴侣或导师。他们陪伴我们走过一段段难忘的时光，给予我们无私的爱和支持。当我们遇到心仪的人时，或许会"娶"她为妻，共同组建一个幸福的家庭。而当我们面对亲人的"去世"时，也会深刻体会到生命的脆弱和珍贵，更加珍惜眼前的每一天。

此外，我们还需要关注社会的"趋势"，了解时代的发展方向。在这个快速变化的时代，只有不断学习、不断进步，才能跟上时代的步伐。同时，我们也要关注自己的"权利"和"权力"，学会维护自己的合法权益，同时也要尊重他人的权利。

总之，成长的历程是一条充满挑战和机遇的道路。在这个过程中，我们需要学会承担、诚恳面对、全面看待问题、承认不足、承受挫折，并时刻保持成熟的心态。只有这样，我们才能从青涩走向成熟，成为社会的有用之才。

Milton Keynes UK
Ingram Content Group UK Ltd.
UKHW051833011224
451808UK00011B/119